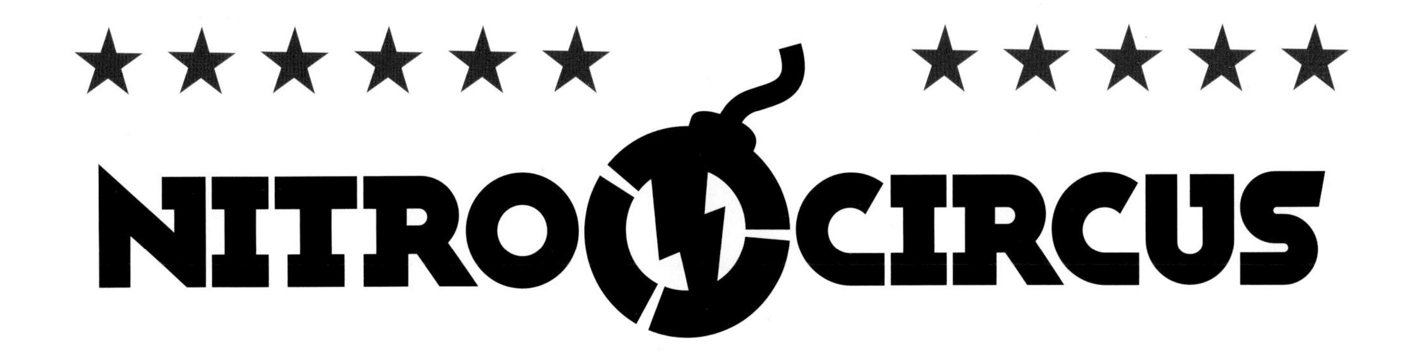

LO MEJOR DE SCOOTER

EL SCOOTER FREESTYLE EXTREMO LLEGÓ PARA QUEDARSE

TRUCOS, SALTOS, VUELTAS, GIROS: ¡LOS RIDERS LO HACEN TODO!

El scooter freestyle, también conocido simplemente como *riding*, en inglés, nació hace casi 20 años y fue ganando terreno en los parques de skate de todo el mundo en los últimos 10 años. Es un deporte extremo que consiste en una fusión del skate y el BMX freestyle. Los riders realizan trucos de estilo libre en scooters profesionales especialmente diseñados.

No forma parte de los X Games (¡todavía!) pero los riders especializados están participando en competencias como los Nitro World Games, los Campeonatos Mundiales de la ISA y otros. A medida que aumenta la popularidad del deporte, los pilotos de scooter como Ryan Williams, de Australia, obtienen cada vez más patrocinadores y se están convirtiendo en pro. ¡La popularidad de este deporte está creciendo rápidamente en todo el mundo!

DATOS CLAVE

El deporte del scooter tiene sus propios entes regulatorios y equipos nacionales en el Reino Unido, Australia y los Estados Unidos.

★★★★★★★★★★

Muchos pilotos consumados de scooter dan el salto desde BMX y skateboarding con mucho éxito.

★★★★★★★★★★

No prueben estos increíbles trucos con un scooter de juguete. ¡Se necesita uno especializado!

El atleta de Nitro Circus Ryan Williams es un innovador en el deporte en desarrollo de scooter estilo libre.

Los scooters permiten a los pilotos realizar trucos inspirados en el BMX y el skate, como tailwhips, barspins, frontflips, backflips, barspins, grinds y muchos más.

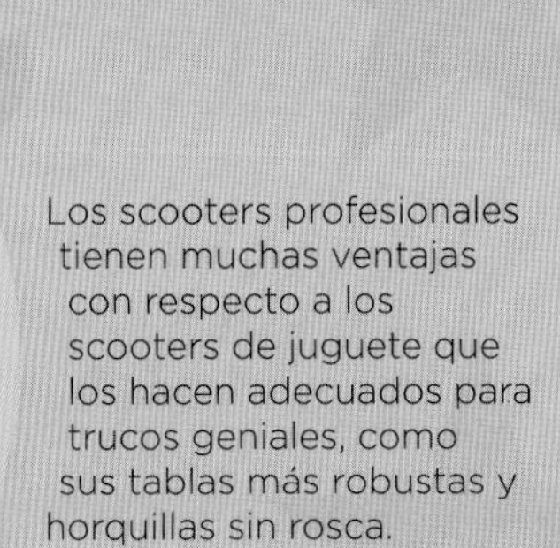

Los scooters profesionales tienen muchas ventajas con respecto a los scooters de juguete que los hacen adecuados para trucos geniales, como sus tablas más robustas y horquillas sin rosca.

Dakota Schuetz ostenta un Récord Guinness Mundial por realizar 15 backflips en un minuto en su scooter.

LA COMPETENCIA ESTÁ TOMANDO TEMPERATURA

¿TE ANIMAS?

¡A medida que los pilotos de scooter profesionales obtienen más patrocinadores y el deporte se vuelve más popular, hay más competencias y campeonatos donde los pilotos pueden mostrar su arte, ganar reconocimiento y demostrar que este deporte extremo es tan emocionante, peligroso y difícil como sus predecesores!

Los Nitro World Games y los Campeonatos Mundiales de la ISA (Asociación Internacional de Scooter) son dos lugares serios donde los pilotos de scooter pueden mostrar sus trucos y llevarse el oro. Los Nitro World Games tienen un evento de Mejor Truco en Scooter y continuamente agregan más eventos relacionados con el scooter en el cronograma, y los Campeonatos Mundiales de la ISA incluyen pilotos de todo el mundo que compiten por el venerable título de ¡Campeón Mundial de Scooter!

Jordan Clark, de Chichester Harbour, Inglaterra, se inició en el deporte en 2011. ¡Fue coronado Campeón Mundial de Scooter en 2015, 2016 y 2018!

¡El evento de Mejor Truco en Scooter en los Nitro World Games es un favorito del público!

NITRO WORLD GAMES

¡DONDE SE MARCAN Y SE ROMPEN RÉCORDS MUNDIALES!

Los Nitro World Games, creados por Nitro Circus, son una competencia internacional de deportes extremos que atrae a los mejores atletas del mundo; la primera edición se realizó en 2016.

Los atletas de BMX, FMX (motocross freestyle), scooter, rallycross y skate compiten por medallas. ¡En pocos años, en estos juegos se rompieron muchos récords y se lograron muchos trucos por primera vez!

NITRO WORLD GAMES

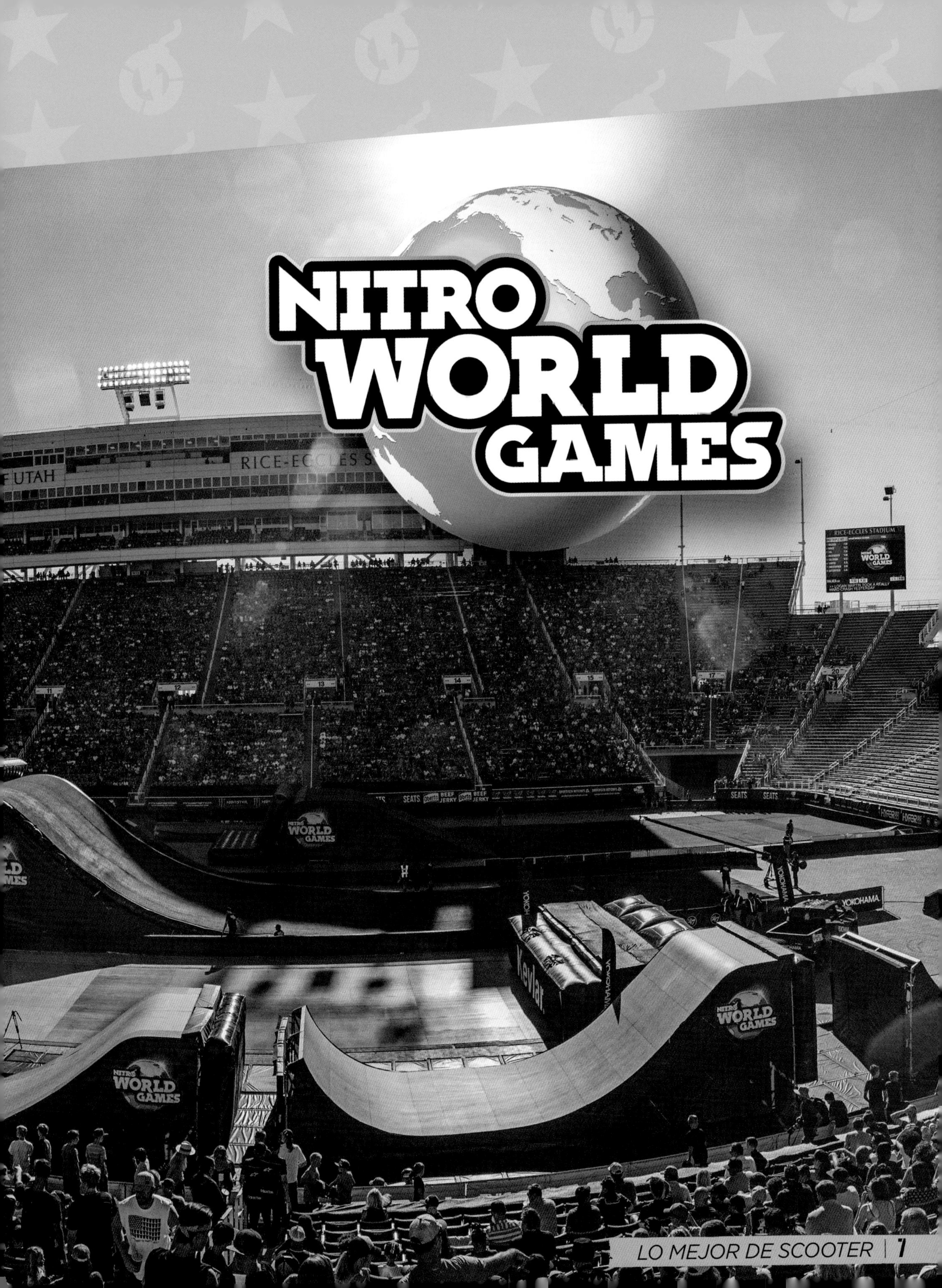

SCOOTFEST: UNA CELEBRACIÓN DEL SCOOTER

¡EL MAYOR EVENTO DE SCOOTER DEL MUNDO!

El ScootFest es una competencia anual que muestra el deporte del scooter estilo libre en el Reino Unido. Se lleva a cabo en Corby, Inglaterra, durante un fin de semana e incluye competencias de scooter para amateurs y profesionales en las tres modalidades de Park, Bowl y Street.

Junto con el evento de equipos por la Copa Mundial, que corona al mejor equipo, el ScootFest también incluye los eventos del Rey del Bowl, el Rey del Park y el Rey del Street, en los que se participa solo por invitación. Los pilotos con los mayores puntajes en cada modalidad ganan y, el que acumuló más puntos, se convierte en el ganador del muy codiciado Rey de Reyes.

Si eso no es suficiente, el legendario ScootFest Am Jam también es un favorito de los fanáticos. Es el lugar donde los amateurs prometedores y los novatos compiten en una competencia amigable tipo jam session. ¡Y eso no es todo! El ScootFest también alberga las Finales del Scoot GB (Gran Bretaña), que incluyen los Campeonatos Británicos (también llamado la Batalla de Inglaterra). ¡Pueden ver por qué algunos describen al ScootFest como dos días de caos absoluto!

SCOOT
FEST

SCOOTFEST Y EL EVENTO REY DE REYES

¡EL MEJOR DE LOS MEJORES!

En el ScootFest 2018, Richard Zelinka logró el primer puesto en la competencia del Rey del Bowl, el segundo puesto en Street y octavo en Park. ¡Por lo tanto ganó la prestigiosa competencia del Rey de Reyes! Ganó la corona del Rey de Reyes por segundo año consecutivo, bastante impresionante para este joven de 19 años al que muchos llaman un "niño prodigio del scooter".

Una vez que los riders pasaron dos días completos realizando trucos en sus scooters, ¡se corona al mejor atleta de scooter freestyle! ScootFest se une a los Nitro World Games para presentar este premio Rey de Reyes extremadamente popular.

El Rey de Reyes premia al mejor piloto en general que puede desempeñarse mejor en las tres modalidades. Los pilotos no tienen que salir primeros en cada modalidad para ganar el Rey de Reyes; simplemente tienen que posicionarse lo suficientemente bien en cada una para acumular la mayor cantidad de puntos en total. ¡Se lo considera un reconocimiento al mejor atleta de scooter freestyle del mundo!

Los scooters existen desde hace más de 100 años, pero con la reciente popularidad y evolución del deporte, surgieron dos estilos principales de scooters (y modalidades de uso): street y park.

Si b en los scooters de street y park evolucionaron para diferentes estilos de deporte, ambos pueden funcionar para todos los trucos.

¿YA LO SABÍAS?

En la modalidad street la idea es realizar trucos técnicos con estilo. Estos scooters en general son más grandes y más fuertes que los scooters de park, ¡con menos foco en ser livianos y más foco en ser aptos para los grinds!

MANILLAR

En los manillares de los scooters para street se da más importancia a la comodidad que a la agilidad, por lo tanto son más grandes y pesados que los manillares de park.

GRIPS DEL MANILLAR

Los grips o empuñaduras brindan comodidad a las manos y evitan que se resbalen.

DATOS CLAVE

¡A medida que los scooters se vuelven más populares, muchos de los pro más importantes, como Ryan Williams, tienen su propia línea de scooters!

★★★★★★★★★★

Muchos pro agregan pegs a sus scooters para los grinds, pero R-Willy no necesita pegs porque su tabla tiene un extremo posterior más cuadrado, que es más largo y más ancho que en la mayoría de los otros scooters.

RUEDAS

Los scooters para principiantes normalmente usan llantas de plástico, pero los scooters más avanzados usan llantas de metal para hacerlos más fuertes y duraderos.

TABLA

Las tablas más largas, anchas y fuertes proporcionan más espacio para los pies para mayor comodidad y más superficie para los grinds.

PARK

En la modalidad park, la idea es hacer la mayor cantidad de trucos y combos posible. Esto significa que los scooters de park están hechos para ser livianos y ágiles, perfectos para tailwhips, briflips, scooter flips... ¡y combos de big air!

DATOS CLAVE

Los scooters a veces reciben el nombre de "kick scooters" porque uno patea el suelo con el pie para impulsar el scooter hacia adelante. Esta "patada" es la diferencia entre los scooters eléctricos y los de gasolina.

¡Como muchos trucos de scooter, los estilos de scooter vienen de los mundos del BMX y el skate!

GRIPS DEL MANILLAR

Un buen grip es clave para todos los trucos de scooter, en especial para los tailwhips y barspins.

MANILLAR

Los scooters de park tienen manillares más cortos y livianos comparados con los scooters de street. Esto los hace más ágiles y es más fácil moverlos en el aire.

El hecho de que se llamen "park scooters" no implica que no se puedan usar en las calles. Escoge el scooter que se adapte a tu estilo y simplemente diviértete.

HORQUILLAS

Los mejores pro usan horquillas sin rosca. porque brindan más solidez y permiten más precisión en el parque de skate.

RUEDAS

Las ruedas más grandes permiten alcanzar más velocidad, que es necesaria para lograr más aire y realizar trucos más grandes y más combos.

TABLA

Los scooters de park tienen tablas más cortas y más livianas que los scooters de street.

¡MANÉJATE CON PRUDENCIA E INTELIGENCIA!

¡TU EQUIPO ES CLAVE!

Cuando estás aprendiendo estos trucos mortales en el scooter, no se trata de "si" te vas a caer sino "cuándo". Pero si cuentas con el equipo de protección adecuado, estas caídas no te molestarán.

El equipo de protección te permitirá intentar trucos más agresivos, te sentirás más seguro mientras estás aprendiendo, seguirás adelante después de una caída ¡y mejorarás tus habilidades más rápido! ¡No esperes volar por los aires sin un equipo de seguridad!

¿YA LO SABÍAS?

Los mejores pilotos pro siempre practican con equipos de seguridad. ¡Saben que si se lesionan, tal vez no pueden competir! La mayoría de las competencias exigen que los pilotos usen cascos.

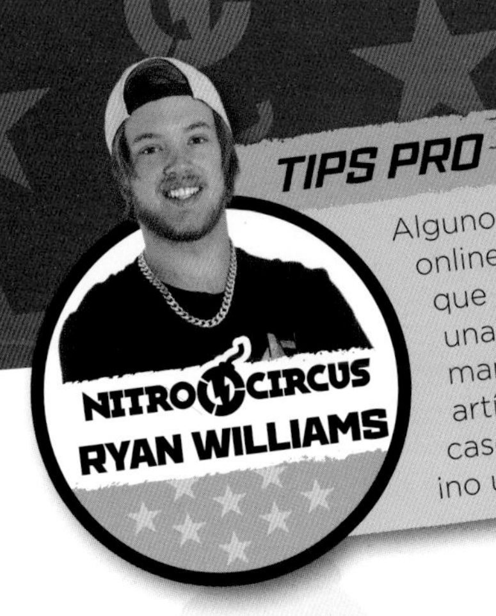

TIPS PRO

Algunos parques de skate y organizaciones online donan cascos adecuados a los ciclistas que no pueden acceder a ellos. Encuentra una organización que pueda darte una mano. También prueba con las tiendas de artículos usados, pero asegúrate de que el casco no esté dañado. Lo más importante, ¡no uses un casco de bicicleta común!

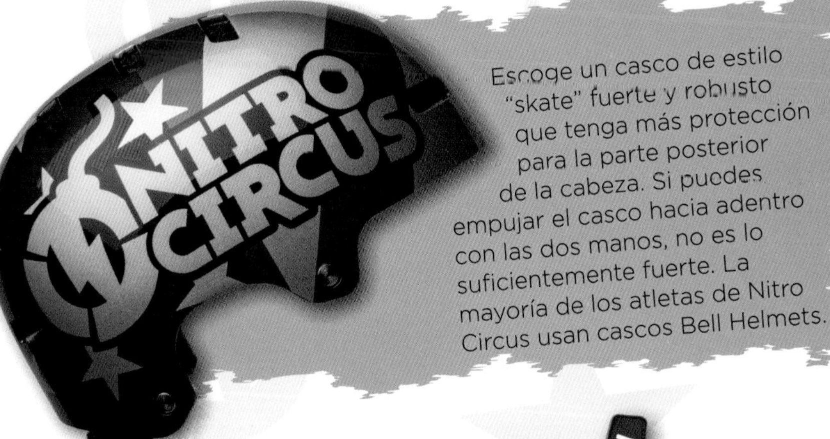

Escoge un casco de estilo "skate" fuerte y robusto que tenga más protección para la parte posterior de la cabeza. Si puedes empujar el casco hacia adentro con las dos manos, no es lo suficientemente fuerte. La mayoría de los atletas de Nitro Circus usan cascos Bell Helmets.

Los guantes evitan los callos por las empuñaduras y protegen las manos del cemento y el asfalto cuando te caes. Cuando no sientes dolores constantes, te diviertes más.

Los codos y las rodillas en general son las primeras cosas que tocan el suelo cuando un truco sale mal. ¡Protégelos para poder levantarte y seguir andando en cuestión de segundos!

COMIENZA CON LO BÁSICO

HABILIDADES PARA TRUCOS EN SCOOTER: SENTAR LAS BASES

BUNNY HOP

TRUCO #1

El bunny hop es cuando saltas con los dos pies sobre la tabla y, luego, también tiras del scooter hacia arriba.

Las dos ruedas se despegan del suelo al mismo tiempo. ¡Este truco es la base de todos los trucos aéreos que vienen después!

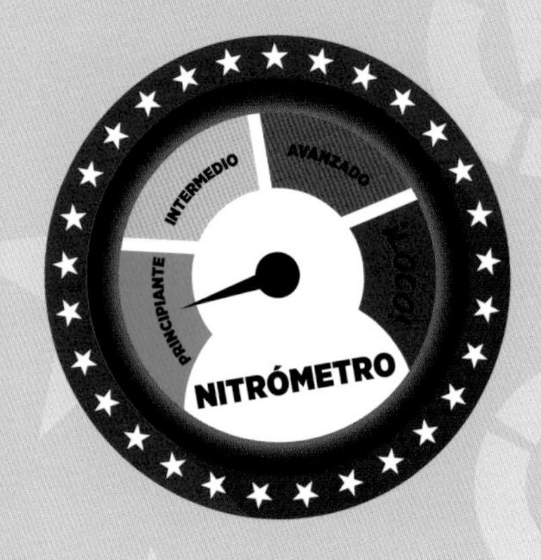

TIPS PRO

El bunny hop es un buen lugar para empezar a desarrollar tus habilidades con el scooter. Es la base de muchos trucos, por lo tanto dominar el bunny hop es clave para ser un mejor piloto de scooter.

TRUCO #2

EL MANUAL

El manual es una muy buena introducción para aprender cómo controlar y hacer equilibrio sobre tu scooter. Mientras te deslizas en terreno plano, levanta la rueda delantera del scooter del suelo, tirando todo tu peso hacia la rueda trasera. Puede ser útil mantener los brazos rectos y el pie trasero sobre el freno para ayudar con el control.

¡En el manual, lo importante es encontrar el punto de equilibrio perfecto para que tu rueda delantera no esté ni demasiado alta ni demasiado baja! Si das golpecitos en el freno, bajará la velocidad y la rueda delantera volverá al suelo.

COMIENZA CON LO BÁSICO

HABILIDADES PARA TRUCOS EN SCOOTER: SENTAR LAS BASES

En el scooter, hay algunas habilidades básicas que son esenciales para aprender todo lo demás, ¡no importa cuán difícil sea el combo!

Debes comenzar por dominar estas técnicas importantes y fundamentales, ¡ya que son las piezas que necesitas para convertirte en un maestro del scooter!

TRUCO #3

BARSPIN

Agrega un barspin de 360 grados (hacer girar el manillar) mientras das un salto para mejorar tus habilidades y control.

TIPS PRO

¡Si quieres volar por el aire con gracia y facilidad, debes comenzar por dominar lo básico!

TRUCO #4

GRINDS SOBRE BORDES

Tu recién dominado bunny hop te permitirá saltar sobre bordes y barandas para empezar a hacer grinds, lo que requiere mucho equilibrio.

Los grinds se pueden hacer con los pegs o con la base del scooter.

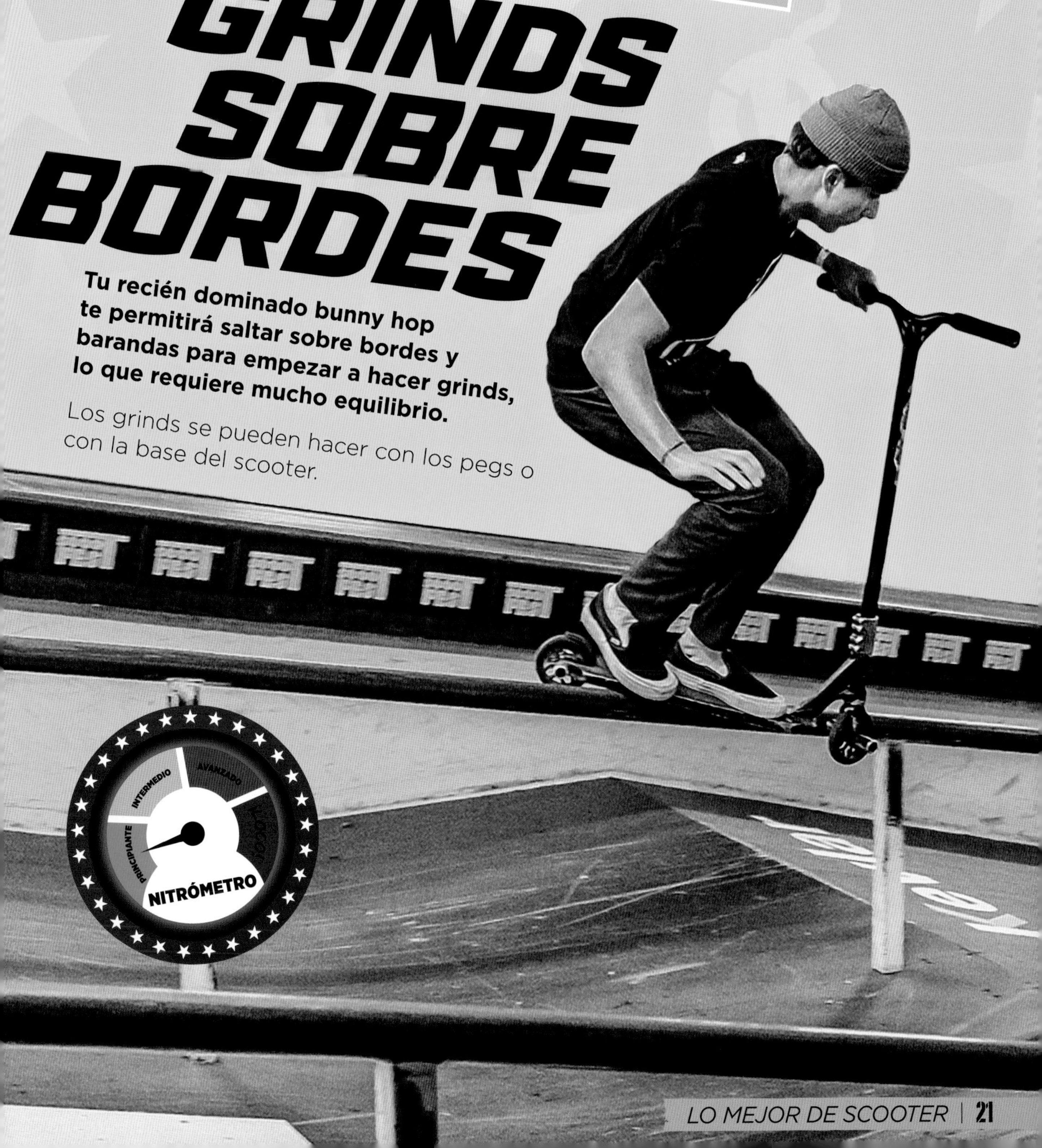

NITRÓMETRO
PRINCIPIANTE
INTERMEDIO
AVANZADO

HABILIDADES PARA TRUCOS EN SCOOTER: PRÓXIMOS PASOS

TRUCO #5

BAR TWIST

El giro del manillar es un buen agregado para cualquier salto o carrera, y puedes practicarlo y hasta dominarlo mientras estás apoyado sobre el suelo.

El bar twist se puede hacer de ambos lados del cuerpo, pero es mejor empezar aprendiéndolo de tu lado dominante (normalmente el lado derecho). Acerca el manillar hacia tu costado, soltando la mano no dominante, y gira la muñeca para pasar el manillar sobre tu mano dominante, luego vuelve a alejar el manillar para tomarlo con las dos manos antes de aterrizar.

TRUCO #6

EL FOOTPLANT

El footplant es cuando sacas un pie de la tabla del scooter en la mitad del truco y empujas ese pie contra un obstáculo, como una rampa o una pared.

Los footplants en general se hacen sobre rampas y salientes verticales, ¡por lo que es un truco que se puede hacer en un parque o en la calle!

¡MANÉJATE CON PRUDENCIA E INTELIGENCIA!

TIPS DE SEGURIDAD PARA LOS TRUCOS EN SCOOTER

Ser prudente significa más tiempo en el scooter y menos tiempo fuera de juego por lesiones. Ser prudente no es sólo contar con el equipo adecuado; también se trata de manejarse con prudencia.

Para empezar, no te exijas más allá de tu capacidad, en especial cuando estás aprendiendo nuevos trucos y técnicas. ¡Siempre comienza con los trucos más sencillos antes de pasar a los más avanzados! Debes dominar lo básico para ser un gran piloto.

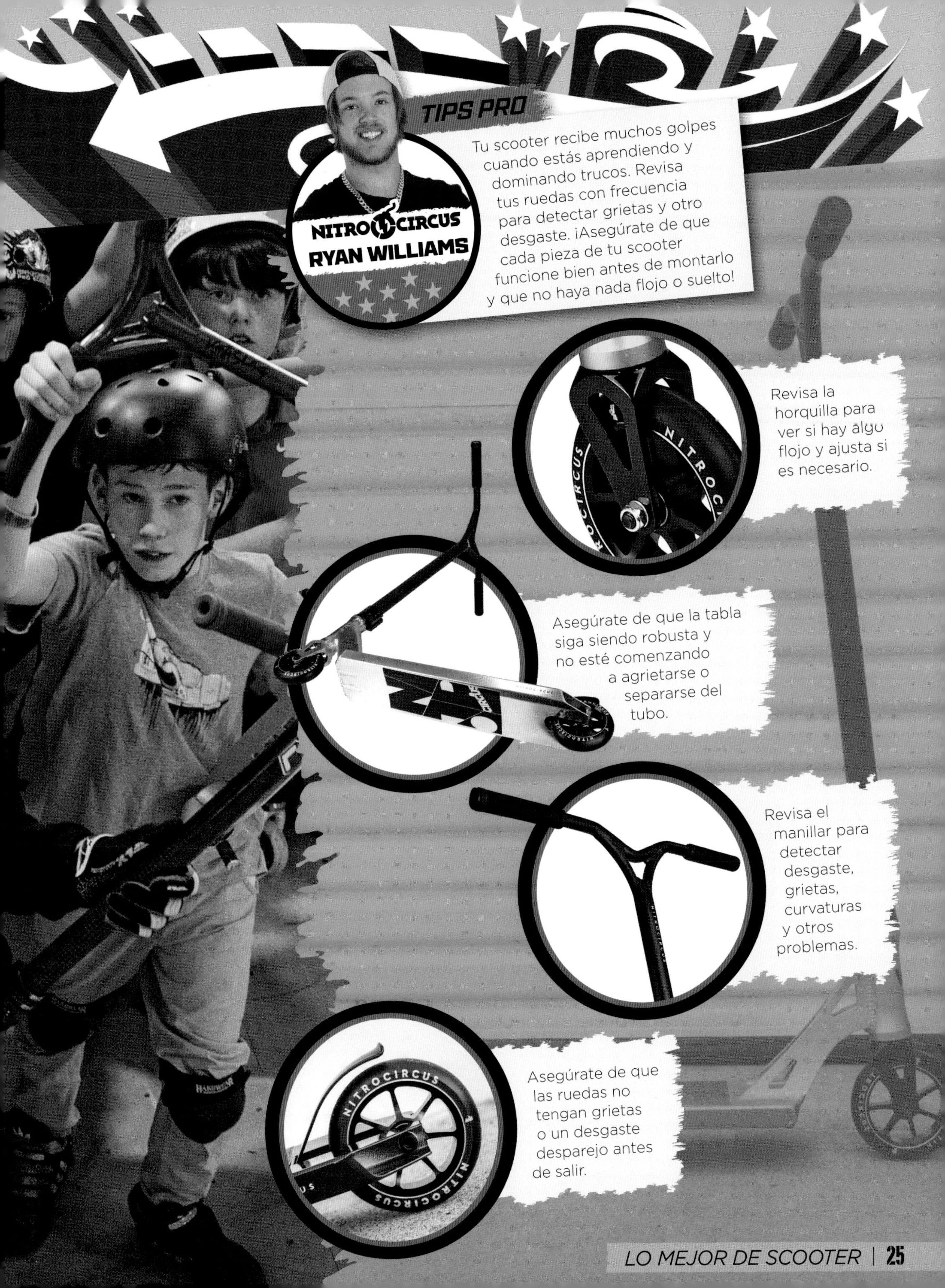

TIPS PRO

NITRO CIRCUS
RYAN WILLIAMS

Tu scooter recibe muchos golpes cuando estás aprendiendo y dominando trucos. Revisa tus ruedas con frecuencia para detectar grietas y otro desgaste. ¡Asegúrate de que cada pieza de tu scooter funcione bien antes de montarlo y que no haya nada flojo o suelto!

Revisa la horquilla para ver si hay algo flojo y ajusta si es necesario.

Asegúrate de que la tabla siga siendo robusta y no esté comenzando a agrietarse o separarse del tubo.

Revisa el manillar para detectar desgaste, grietas, curvaturas y otros problemas.

Asegúrate de que las ruedas no tengan grietas o un desgaste desparejo antes de salir.

LOGRAR LOS TRUCOS SIN INCIDENTES

EVITAR LOS PELIGROS Y DIVERTIRSE

Cuando estás circulando, es importante estar atento a tu entorno. Ya sea que estés andando en la calle o en rampas en un parque, debes estar atento a los peligros.

Cuando circulas por la calle, compartes el espacio con peatones, el tránsito, e incluso basura, vidrios y otros peligros. Aun en un parque de skate, debes revisar la rampa antes de lanzarte para ver si hay escombros y otros potenciales problemas.

Si eres un piloto de park, tu peligro más probable son los otros pilotos. Sigue las reglas básicas y asegúrate de que las rampas estén libres de scooters antes de arrancar.

Los golpes en la cabeza son más comunes en los jóvenes que en los adultos, y pueden ser acumulativos, lo que quiere decir que no importa cuánto tiempo pasa entre dos golpes, se acumulan para contribuir a un traumatismo cerebral (¡que puede ser permanente!). No corras ningún riesgo: manéjate con inteligencia y usa un buen casco.

Si te interesa aprender trucos de scooter avanzados, necesitas un scooter especializado, no uno estándar de juguete. ¡No intentes ninguno de los trucos grandes en un scooter de juguete, porque te podrías lastimar!

GIROS CON ESTILO

PREPÁRATE PARA SACUDIR ESA COLA

TAILWHIP

En el tailwhip la tabla del scooter da un giro de 360 grados. Una vez que tienes un bunny hop sólido, consistente y bastante alto, ¡estás listo para aprender el tailwhip!

Asegúrate de dominar el bunny hop, luego practica usando tu pie delantero para patear la tabla en un círculo y atrápala con el mismo pie de vuelta en su lugar.

Por otro lado, practica hacer girar el scooter en un movimiento circular con las muñecas y los antebrazos. Debería girar lo más cerca posible de tu cuerpo pero no golpearte. Puedes hacer estos pasos parado en el suelo, ¡y luego combinarlos cuando estés listo!

HEELWHIP

El heelwhip es básicamente un tailwhip opuesto. Gira hacia el otro lado, y puede ser más difícil porque requiere más esfuerzo y control para hacer que la tabla dé el giro completo.

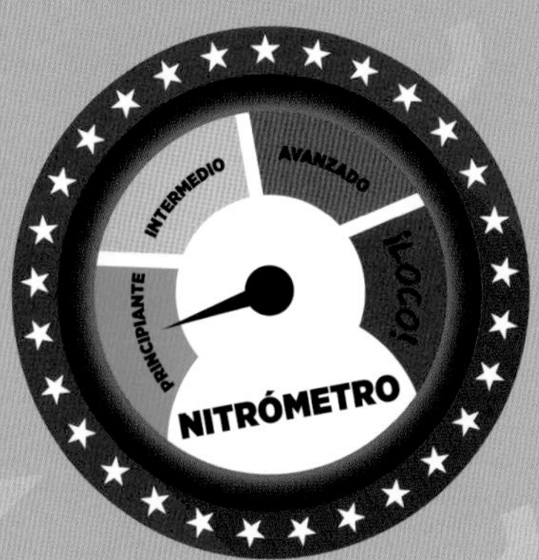

TIPS PRO

NITRO CIRCUS
RYAN WILLIAMS

Estos son trucos básicos que debes dominar para cualquier truco que hagas en el aire. ¡Terminarás siendo un mejor piloto!

NO LE TEMAS AL 180

¡INTÉNTALO!

TRUCO #9

EL 180

El 180 es la columna vertebral de un menú casi interminable de trucos y combos.

A medida que te sientas más cómodo con tus giros y tengas más control, estarás listo para estos trucos más avanzados.

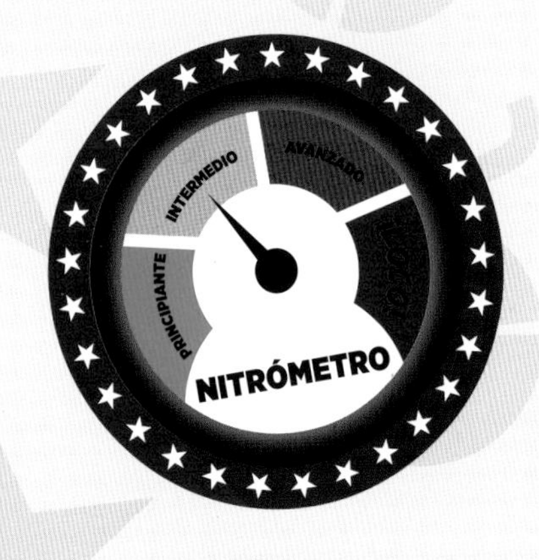

TIPS PRO

RYAN WILLIAMS

Hay una gran diferencia entre el spinning delantero versus trasero: en el spinning delantero giras en la misma dirección a la que apuntan tus pies (en la dirección de los dedos) y en el trasero giras en la dirección contraria a tus pies/base. Ninguno es mejor que el otro. Comienza con lo que sientas más natural, ¡y luego aprende el spin más difícil para agregarlo a tu menú de trucos!

NITRO
WORLD
GAMES

DERIVADOS DEL 180

VUELTAS Y MÁS VUELTAS

Si te estás aburriendo de tu bunny hop, practica saltar y girar (con los hombros y la cabeza primero) para mirar hacia la dirección contraria.

Comienza sobre un terreno plano. Una vez que dominaste el 180, ¡estás a mitad de camino para un 360 completo!

Si ya dominas el 180, ¡estás listo para más acción! Ahora es el momento de agregar estilo y dificultad al 180 con algunos combos alocados.

¿YA LO SABÍAS?

Una variación del 180 es el half cab, también llamado *fakie 180*. Este truco viene del mundo del skate, como muchos de los trucos de scooter que dominarás. El fakie en un skate es cuando la parte posterior de la tabla mira hacia la dirección del movimiento.

“Cuanto más te diviertas,

MEJOR

piloto serás, porque si fallas
con una sonrisa en el rostro,
entonces

NUNCA ESTARÁS DERROTADO.”

—RYAN WILLIAMS

NITRO
CIRCUS

DERIVADOS DEL TAILWHIP

CONVIÉRTETE EN EL REY DEL PARQUE

TRUCO #10

DOWNWHIP

Un downwhip es un tailwhip y un 180 hechos al mismo tiempo en direcciones opuestas. Es más fácil aprender sobre una pendiente leve o en terreno plano antes de aumentar la velocidad y hacerlo con más aire desde una rampa.

Una vez que tienes el tailwhip, este truco más avanzado requerirá práctica pero valdrá la pena el esfuerzo.

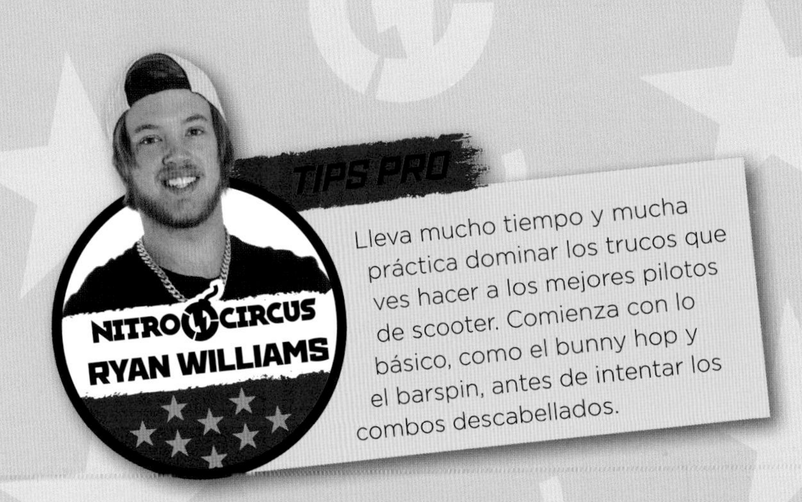

TIPS PRO

Lleva mucho tiempo y mucha práctica dominar los trucos que ves hacer a los mejores pilotos de scooter. Comienza con lo básico, como el bunny hop y el barspin, antes de intentar los combos descabellados.

NITRÓMETRO
PRINCIPIANTE
INTERMEDIO
AVANZADO

DERIVADOS DEL TAILWHIP

¡LOS SCOOTERS ESTÁN CREANDO TRUCOS Y PONIÉNDOLES NOMBRES!

TRUCO #11

FRONT BRIFLIP

En un front briflip, el scooter gira hacia arriba detrás tuyo mientras sueltas la mano más externa (puede ser cualquiera) antes de volver a sujetar el manillar y dejar que la tabla vuelva bajo tus pies.

Este truco requiere mucha velocidad y mucho aire, pero es mejor practicar el movimiento mientras mantienes los pies en el suelo. Si traes el scooter delante de ti con las dos manos antes de volver a bajar, ayudarás a crear la rotación necesaria para girar el scooter.

RYAN WILLIAMS

TIPS PRO

Si estás parado con el pie izquierdo adelante en el scooter (llamado "regular"), girarás el scooter en el sentido de las agujas del reloj. Si estás parado con el pie derecho adelante (llamado "goofy"), te será más fácil girar el scooter en el sentido contrario a las agujas del reloj. Una de las dos maneras se sentirá más natural.

TAILWHIP FRONT SCOOTER FLIP

TRUCO #12

Una combinación de un tailwhip y un front scooter flip, ¡este truco de nivel intermedio sorprenderá tanto a tus amigos como a tus rivales!

Para lograr el front scooter flip whip, primero acostúmbrate a hacer el opposite front scooter flip, que es un poco más difícil. Asegúrate de dominar ese truco antes de agregar el whip. Cuando estés listo, gira el scooter y realiza el front scoot al mismo tiempo. Primero practica este movimiento en el suelo y, luego, pasa a una superficie plana.

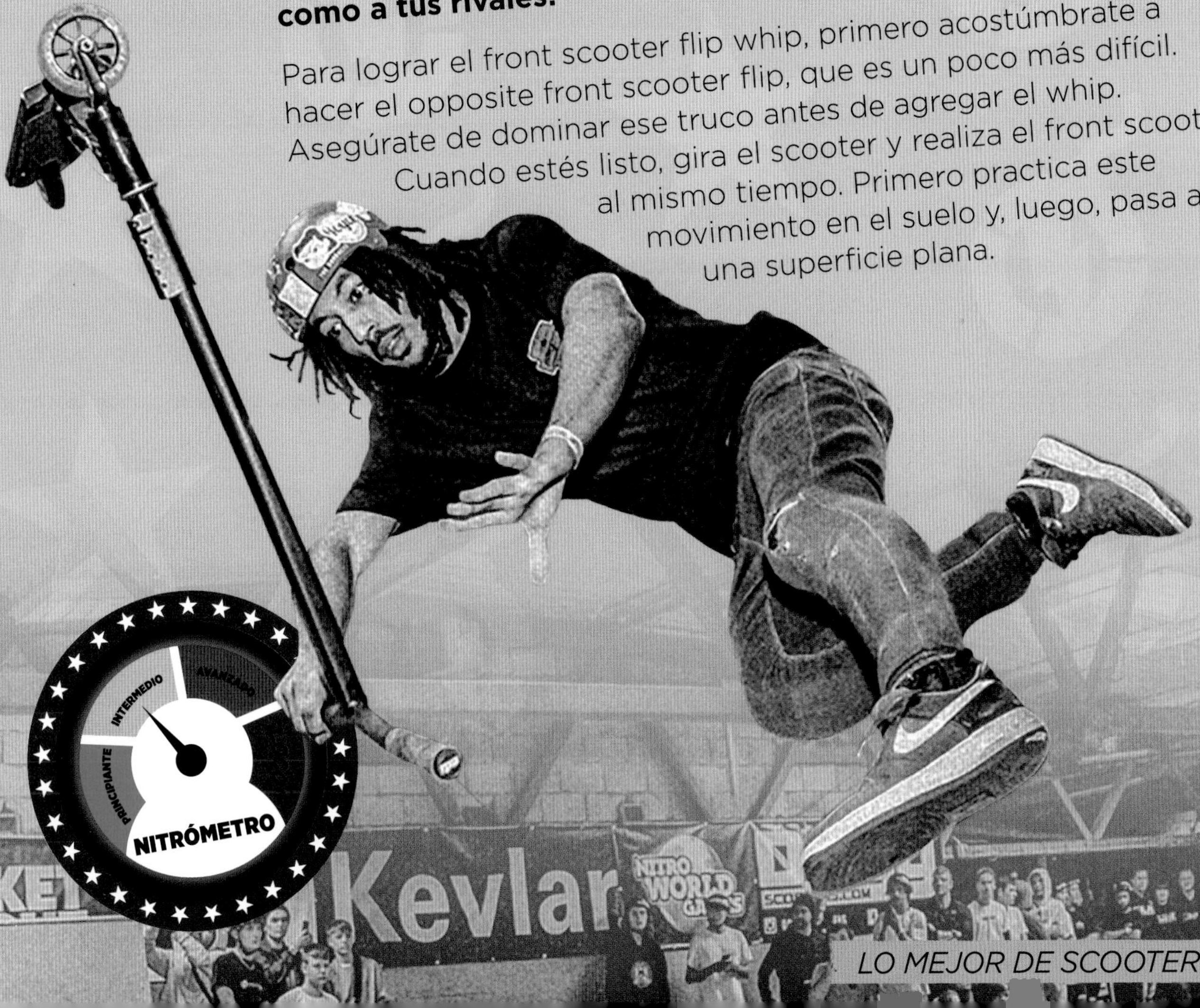
PRINCIPIANTE
INTERMEDIO
AVANZADO
NITRÓMETRO
Kevlar
NITRO WORLD GAMES

TODAVÍA NO TERMINAMOS

NADA MÁS QUE AIRE

TRUCO #13

EL 360

Asegúrate de tener un 180 bien sólido.

A continuación, solo es cuestión de agregar impulso y potencia mientras mantienes el control del scooter y tu equilibrio. Recuerda guiar el movimiento con los hombros y la cabeza. ¡Con práctica se logra! Se puede realizar un 360 básico sobre terreno plano antes de pasar a las rampas.

¿YA LO SABÍAS?

Dakota Schuetz es también la primera persona en lograr un 1080 documentado en un scooter.

360 FLY-OUT

TRUCO #14

Una vez que dominas el 360, puedes llevarlo a una rampa. Un fly-out significa saltar al aire desde una rampa.

Tal vez te resulte más sencillo que un 360 en una superficie plana porque tendrás más tiempo para girar en el aire. ¡Además, todo se ve más lindo desde las rampas!

¡A LA CONQUISTA DE LA RAMPA!

WHIPS Y PATADAS

KICKLESS REWIND

TRUCO #15

Un kickless es cuando el scooter hace un ³/₄ de tailwhip, y luego gira en la dirección contraria usando únicamente la parte superior del cuerpo — ¡de ahí el nombre de *kickless* (sin patada)!

PRINCIPIANTE INTERMEDIO AVANZADO
NITRÓMETRO

Puede sonar sencillo, pero no lo es. Comienza parado sobre el suelo y aprende el movimiento súbito que se requiere para volver a traer la tabla a su lugar después del heelwhip.

¡Deberías saber cómo hacer un doble whip y un heel rewind antes de estar listo para un kickless rewind! Para empezar, practica girar la tabla hacia adelante y hacia atrás mientras estás parado en el suelo. Asegúrate de inclinar el scooter hacia un lado para detener la rotación del tailwhip, y luego usa tu cuerpo para que vuelva en la dirección de la que vino.

NITRO CIRCUS
RYAN WILLIAMS

Durante la competencia del Mejor Truco en Scooter en los Nitro World Games 2017, Dakota Schuetz logró el primer backflip cuádruple kickless del mundo.

BACKFLIP CUÁDRUPLE KICKLESS

¡AGÁRRALO!

¡AGREGA DIVERSIÓN Y ESTILO A TUS SALTOS!

TRUCO #16

ONE-FOOT GRAB

El one-foot grab, como su nombre lo dice, es agarrar la tabla con un solo pie. Una vez en el aire, retira un pie de la tabla del scooter y agáchate para agarrar la tabla con una mano.

¡Los trucos de grab pueden parecer sencillos, pero la clave para dominarlos es la altura, no la velocidad! Sin aire suficiente, no te alcanzará el tiempo para mover la mano desde el manillar hasta la tabla y de vuelta al manillar.

TRUCO #17

TOBOGÁN

Agarrar la tabla de tu scooter durante una carrera o un salto es una excelente manera de demostrar tu progreso y tu confianza en tu scooter. Los pilotos agarran sus tablas para agregar dificultad a los saltos y para divertirse y agregar estilo a su exhibición.

Al saltar, te agachas (te pones en cuclillas, en realidad), tiras de la tabla hacia arriba con tu impulso y, luego, la agarras con una mano y la sostienes un segundo. Comienza simplemente agachándote para tocar la tabla. Con el tiempo podrás tocarla por más tiempo y, luego, finalmente podrás sostenerla sujetada.

NITRÓMETRO: PRINCIPIANTE · INTERMEDIO · AVANZADO · ¡LOCO!

¡TRUCOS QUE SORPRENDEN!

AGREGANDO UN GRADO EXTRA DE DIFICULTAD

Una vez que te sientes cómodo deslizándote en tu scooter y dando giros y saltos, puedes agregar dificultad a tus saltos aprendiendo algunos grabs. ¡Los grabs son buenos trucos para aprender porque simplemente comienzas tocando la tabla, y dejas que tu habilidad y tu confianza vayan aumentando a medida que dominas el truco!

TRUCO #18 TAILGRAB

El tailgrab consiste en agacharte para agarrar la parte trasera de la tabla del scooter con una mano.

Salta de una rampa para tener algo de aire y, luego, sosteniendo el manillar con una mano, ponte en cuclillas para agarrar la cola. ¡Un leve giro del manillar convertiría un tailgrab en un tobogán!

TRUCO #19

TUCK NO-HANDER

Otro truco del mundo del BMX, el tuck no-hander consiste en doblar el cuerpo sobre el manillar y extender los dos brazos lo más lejos posible del cuerpo y el mayor tiempo posible.

¡Cuanto más estés en el aire, más tiempo tendrás para extender los brazos y realmente volar!

WALLRIDE

TRUCO #20

En los wallrides, bueno, saltas sobre una pared y te deslizas por ella (o por cualquier superficie vertical). Puedes usar los wallrides para agregar estilo a tu arte, además de cambiar de dirección e impulso.

Las dos ruedas tienen que estar sobre la pared durante unos segundos para que se lo considere un legítimo wallride. Aleja el cuerpo de la pared cuando estés listo para bajar y continúa tu trayecto sobre el suelo.

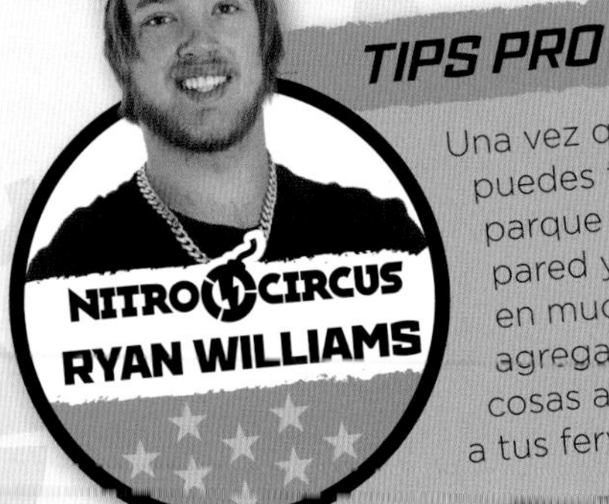

TIPS PRO

Una vez que domines el wallride, puedes tratar cualquier cosa en el parque de skate como si fuera una pared y demostrar tus habilidades en muchas combinaciones. Puedes agregar barspins, tailspins y más cosas a tus wallrides para sorprender a tus fervientes seguidores.

TRUCO #21

HANDPLANT

El handplant es un truco sensacional que generalmente se hace en la cima de una rampa. En lo alto de la rampa, agarra brevemente con la mano el lomo de la rampa (o el piso) ¡mientras el resto de tu cuerpo está patas para arriba! Puedes hacer el handplant en rampas, en barandas... en casi cualquier cosa en la que puedas deslizarte y agarrar con la mano.

Como todos los buenos trucos, un buen handplant se logra mejor si empiezas con los dos pies. Párate al lado de una cerca alta o alguna otra estructura estable y practica... salta de costado hacia la cerca y agárrala con una mano, poniendo todo tu peso sobre ese brazo.

TRUCO #22

SUPERMAN

El Superman es un truco fantástico que fue adaptado del mundo del BMX freestyle. Mientras está en el aire, el piloto levanta los dos pies de la tabla del scooter y los empuja hacia atrás, detrás suyo, paralelos al suelo, para parecer Superman volando.

Empuja el scooter hacia delante de ti y hacia arriba. Estira los brazos. Aférrate a tu scooter en todo momento durante un Superman. Está bien si no extiendes totalmente las piernas al principio; ¡con el tiempo mejorarás y te saldrá estupendo en seguida!

TRUCO #23

SUPERMAN DECK GRAB

Cuando has dominado el Superman, el Superman deck grab es un poquito más difícil y se ve aún más genial.

Mientras extiendes las piernas hacia atrás en un Superman regular, quita una mano del manillar y agarra la tabla. El objetivo es que tengas los brazos y las piernas totalmente estirados con el scooter delante de ti.

TIPS PRO

Los trucos de Superman son tomados del mundo del BMX, donde un piloto empuja la bici hacia adelante y extiende las piernas para atrás.

PRINCIPIANTE
INTERMEDIO
AVANZADO
NITRÓMETRO

¡DOMINAR EL AIRE!

EL BRIFLIP Y FLAIR

TRUCO #24

Este truco intermedio requiere algo de práctica. Comienza con la versión más sencilla, que es el front briflip.

¡Un briflip es básicamente un tailwhip súper extendido que pasa por encima de tu cabeza! Girarás el scooter del mismo lado al que apuntan los dedos del pie delantero, y el scooter aterriza donde lo puedes ver. Comienzas pateando el scooter hacia adelante, giras el manillar hacia adentro y terminas la rotación manteniendo el scooter lo más cerca posible del cuerpo.

PRINCIPIANTE
INTERMEDIO
AVANZADO
¡LOCO!
NITRÓMETRO

NITRO CIRCUS
RYAN WILLIAMS

TIPS PRO

Comienza practicando el movimiento de giro del scooter con los pies firmes sobre el suelo. Asegúrate de mantener el movimiento constante y el scooter cerca del cuerpo.

TRUCO #25

FLAIR

¡El flair es un truco difícil que, una vez que lo dominas, se ve increíble!

El flair es una evolución de un backflip donde despegas desde una rampa, tiras hacia atrás y haces una rotación completa con las piernas y el scooter girando sobre tu cabeza, para aterrizar en la misma dirección en la que arrancaste. Pero el flair se hace en una rampa vertical o bowl, y aterrizas en la dirección opuesta a la que arrancaste (bajando por la rampa hacia atrás). La clave para un flair es tirarte hacia atrás, como en un backflip, pero bajar el hombro del lado que quieres girar... ¡es difícil!

¡AGREGA ESTILO A UN AIR!

LOOKBACK

TRUCO #26

El lookback es un excelente truco intermedio que muchos pilotos usan para agregar estilo a sus saltos. En lo alto de tu salto, giras el manillar hacia abajo y a la izquierda (si vas con el pie izquierdo adelante, o "regular") y, al mismo tiempo, empujas el scooter hacia el mismo lado del cuerpo usando las piernas.

El lookback te dará confianza en tu scooter, especialmente cuando saltas. Muestra que tienes el control y que tus saltos son lo suficientemente buenos para embellecerlos con trucos geniales.

ONE-FOOT INVERT

TRUCO #27

El one-foot invert agrega vitalidad y brillo a cualquier salto estándar y es una excelente manera de mejorar el equilibrio y la fuerza sobre tu scooter. Además, ¡se ve genial!

Cuando llegas a la cima de tu salto en rampa, retira la pierna de adelante y crúzala sobre el scooter, paralelo al suelo, y luego tráela rápidamente de vuelta al scooter antes de aterrizar. Tu pie de adelante es el que está más cerca de la rueda delantera.

PRINCIPIANTE
INTERMEDIO
AVANZADO
NITRÓMETRO

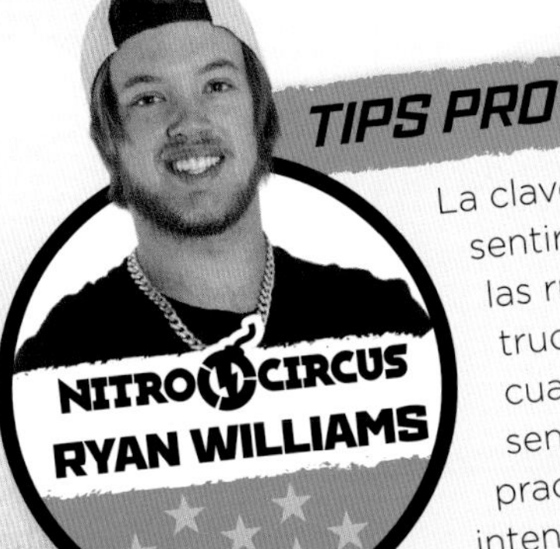

TIPS PRO

La clave para cualquier truco en el aire es sentirse cómodo saltando y despegando las ruedas del scooter del suelo. Algunos trucos necesitan más aire que otros y, cuanto más aire tengas, más difícil es sentirse cómodo, así que asegúrate de practicar el aire que necesitas antes de intentar trucos más difíciles.

EL PREMIADO RYAN WILLIAMS

UN PIONERO DEL SCOOTER

El australiano Ryan Williams, de 24 años, es uno de los pioneros del scooter.

Atleta de Nitro Circus que se unió al Nitro Circus Live Tour en 2011, rompió muchos récords y logró más hazañas mundiales que ningún otro atleta, ¡incluido el triple backflip en scooter!

NITRO WORLD GAMES

En los Nitro World Games 2017, Ryan Williams fue el único atleta en la competencia que llegó a las finales en dos eventos en dos disciplinas.

Williams ganó en Mejor Truco en Scooter y Mejor Truco en BMX y fue el primer competidor de la historia en ganar múltiples eventos en los Nitro World Games.

RYAN **WILLIAMS**

FECHA DE NACIMIENTO: 22 de junio de 1994
CIUDAD NATAL: Sunshine Coast, AUS

Sus asombrosos trucos en el scooter han cambiado la actitud de muchos atletas hacia este deporte. ¡Uno de los trucos originales de Ryan, el doble frontflip 360, se llama "Silly Willy" por él!

PRIMERO EN EL MUNDO

SILLY WILLY

"Sé que puede parecer que logro los trucos nuevos al primer intento, pero los trucos me llevan hasta 500 intentos, ¡igual que cuando comencé a andar en scooter! La clave es creer en uno mismo, ¡y en el próximo intento tal vez lo logres!"

—Ryan Williams

LOS MEJORES ATLETAS DEL SCOOTER ABREN EL CAMINO

¡IMPRESIONANTES, SORPRENDENTES Y SIMPLEMENTE INCREÍBLES!

CAPRON & COREY **FUNK**

Los hermanos Funk, Capron y Corey Funk, son atletas profesionales del scooter e influencers en las redes sociales.

Como parte de una larga lista de logros en el scooter, ambos alcanzaron el podio en la competencia de Mejor Truco en Scooter en los Nitro World Games 2016. Entre los dos suman más de 1.300.000 seguidores en Instagram y 4.500.000 suscriptores en Youtube, ¡por lo que son líderes en acercar el scooter a las masas!

JORDAN **CLARK**

¡El británico Jordan Clark se coronó campeón mundial de scooter tres años consecutivos!

Su última victoria fue en junio de 2018, en las Finales Mundiales de la ISA en los campeonatos Imagin Extreme Barcelona. Como si eso no fuera suficiente, Jordan fue el primer rider en lograr el doble flair 540, ¡un demente twisting backflip flair que muchos intentaron sin éxito!

LOS MEJORES ATLETAS DEL SCOOTER ABREN EL CAMINO

¡IMPRESIONANTES, SORPRENDENTES Y SIMPLEMENTE INCREÍBLES!

DANTE **HUTCHINSON**

Dante Hutchinson, de East Sussex, Inglaterra, tiene solo 18 años y ya ganó el Campeonato Mundial de la ISA como Mejor Campeón de Scooter (en 2017).

Además fue Campeón del Reino Unido dos veces y salió segundo en Europa en 2015. Su truco favorito es un doble inward o kickless briflip a un kick doble tailwhip.

DAKOTA **SCHUETZ**

Dakota Schuetz, apodado "La Máquina", es un joven de 22 años de los Estados Unidos. ¡Es el primer atleta que ganó todas las competencias internacionales de scooter!

También es tres veces Campeón Mundial en la Competencia Mundial de Scooter de la ISA y uno de los pocos riders que lograron los 40 trucos del desafío Tricknology en línea.

Vicepresidenta, Licencias & Publicaciones Amanda Joiner
Jefa de Redacción Carrie Bolin

Redactora Jessica Firpi
Diseñador Luis Fuentes
Texto Kezia Endsley
Correctora Rachel Paul
Reprografía Bob Prohaska
Agradecimiento especial al dibujante de Ripley, John Graziano

Presidente Andy Edwards
Director Comercial Brett Clarke
Vicepresidenta, Licencias Globales & Productos de Consumo Cassie Dombrowski
Vicepresidente Creativo Dov Ribnick
Director Global, Relaciones Públicas Reid Vokey
Director, Marketing de Contenido Digital Charley Daniels
Gerente de Cuentas Globales & Activación, Productos de Consumo Andrew Hogan
Director de Arte & Diseño Gráfico Joshua Geduld
Colaborador Ryan Williams

Publicado por Ripley Publishing 2019

10 9 8 7 6 5 4 3 2 1

ISBN: 978-1-60991-366-3

VP Licencias & Publicaciones
Ripley Entertainment Inc.
7576 Kingspointe Parkway, Suite 188
Orlando, Florida 32819

Correo electrónico: publishing@ripleys.com
www.ripleys.com/books

Fabricado en China en mayo de 2019.
Primera impresión

NOTA DEL EDITOR
Si bien se han realizado todos los esfuerzos para verificar la exactitud del contenido de este libro, el Editor no será responsable por los errores incluidos en la obra. Agradecen toda la información que
los lectores puedan proporcionar.

ADVERTENCIA
Algunas de las actividades y trucos de riesgo son llevadas a cabo por expertos y ninguna persona debería intentarlos sin supervisión y entrenamiento adecuado.

CRÉDITOS DE FOTOS

2–3 (2p) Fotografía por Nate Christenson; **3** (sup. der.) Fotografía por Sam Neill, (inf. der.) Fotografía por Martin Kimbell; **4–5** (2p) Fotografía por Chris Tedesco; **8–9** (2p) Fotografía por Sam Neill; **16–17** (2p) Fotografía por Mark Watson; **18** © travelview/Shutterstock.com; **19** © Elena Yakusheva/Shutterstock.com; **21** Fotografía por Sam Neill; **24–25** Fotografía por Martin Kimbell; **27** (sup.der.) Fotografía por Sam Neill, (c. der.) Fotografía por Shelby Grimnes; **28** (sup.) © Andriy Blokhin/Shutterstock.com, (inf.) Gentileza del dibujante de Ripley, John Graziano; **29** (1p) Fotografía por Martin Kimbell; **32–33** Fotografía por Martin Kimbell; **33** (sup.) © Christian Bertrand/Shutterstock.com; **35** Fotografía por Chris Tedesco; **36–37** (2p) © Anatoliy Karlyuk/Shutterstock.com; **38** (der.) Fotografía por Shelby Grimnes; **40** Fotografía por Martin Kimbell; **41** Fotografía por Martin Kimbell; **46** Fotografía por Martin Kimbell; **49** Fotografía por Sam Neill; **50** Fotografía por Martin Kimbell; **51** (izq.) Fotografía por Sam Neill; **57** Fotografía por Kevin Conners; **59** Fotografía por Mark Watson; **60** Fotografía por Nate Christenson; **MASTER GRAPHICS** Nitro Meter: Creado por Luis Fuentes

Agradecimiento especial a Bell Sports, Inc., FIST Handwear PTY Ltd., Greenover Ltd.

Clave: sup. = superior, inf. = inferior, c. = centro, izq. = izquierda, der. = derecha, 1p = página sencilla, 2p = doble página, f. = fondo

Todas las demás fotos son de Nitro Circus. Se han realizado todos los esfuerzos para reconocer correctamente y contactar a los titulares de los derechos de autor; nos disculpamos desde ya por cualquier error u omisión no intencional, que será corregido en futuras ediciones.